5 4 3 2 1

Postfach 2460, D-88194 Ravensburg

Text: Carla Felgentreff
Fotos S. 92/93: © Adobe Stock: Floydine, Nitr, Serge, fotogurmespb
Gestaltung: Antje Warnecke, nordendesign.de
Printed in Germany
ISBN 978-3-473-49762-1
ravensburger.com

Nach Waldemar Bonsels „Die Biene Maja"

studio100.com
Design: Jan Van Rijsselberge
Skriptentwicklung: Delphine Maury und Théo de Marcousin
Regie: Daniel Duda und Jérôme Mouscadet
Basierend auf den TV-Folgen „Majas Geburt" in Zusammenarbeit mit Valérie Baranski, Delphine Maury und Christel Gonnard, „Die große, weite Wiesenwelt" in Zusammenarbeit mit Christel Gonnard, „Willi zieht aus" in Zusammenarbeit mit Delphine Dubos, „Die Lausebiene" in Zusammenarbeit mit Nicolas Chretien und Philippe Clerc, „Oswalt macht sich Freunde" in Zusammenarbeit mit Cendrine Maubourguet, „Mutter Willi" in Zusammenarbeit mit Pierre Migeot, „Die Raupenwanderung" in Zusammenarbeit mit Sylvie Riviere.

Die Biene Maja

Die schönsten Minuten-Geschichten

Inhalt

Kurze Geschichten

Mittellange Geschichten

Lange Geschichten

Kurze Geschichten

Majas Geburt

In einer Wabe tief im Bienenstock erblickt eine kleine Biene das Licht der Welt: Biene Maja. Aber bisher kennt nicht einmal sie selbst ihren Namen. Neugierig schaut sie sich um. „Wo bin ich?“, fragt sie.

„In einem Bienenstock“, antwortet eine freundliche Stimme.

„Was ist ein Bienenstock?“, erkundigt Maja sich. Denn auch das weiß sie noch nicht.

Das Blatt vor ihrer Wabe wird zur Seite geschoben und sie blickt in ein freundliches Bienengesicht.

„Bist du ein Bienenstock?“, fragt Maja weiter.
„Nein. Ich helfe dir beim Schlüpfen, kleine Biene“, erklärt die große Biene.
Schlüpfen nennt man es nämlich, wenn eine Biene zur Welt kommt.
„Du bist nett“, stellt Maja fest und gähnt. „Wer bist du?“
„Ich bin Frau Kassandra, eure Lehrerin“, sagt die große Biene zu Maja und den anderen kleinen Bienen in den Waben links und rechts von ihr. „Willkommen in eurem Bienenstock.“ Sie reicht ihnen ein gerolltes Blatt, in dem sich eine goldene, zähe Flüssigkeit befindet.
Maja steckt einen Finger hinein und probiert. „Mmh, ist das lecker! Was ist das? Essen das alle Bienen?“
„Das ist Nektar“, antwortet Frau Kassandra und lacht. „Jetzt auf zur Königin. Sie wird euch Namen geben. Und danach beginnt der Unterricht!“

Maja dreht sich im Gehen noch einmal um. In einer der Waben schnarcht doch noch jemand!
„Hunger, süß, saftig“, murmelt dieser Jemand vor sich hin.
Maja zieht das Blatt vor der Wabe zur Seite.
„Hey, träumst du vom Essen? Hier – probier das mal!“
Sie hält ihr Nektarhörnchen hoch.
Noch etwas müde und benommen stolpert ein kleiner Bienenjunge zu ihr hinaus und landet auf seinem Po. Maja muss lachen. Der ist ja lustig!

Maja und der Bienenjunge folgen Frau Kassandra in einen großen Saal. Dort sitzt eine Biene auf einem lila Blütenthron. Mit ihrer gold-roten Krone sieht sie sehr beeindruckend aus. Gerade verrät sie den anderen kleinen Bienen ihre Namen.
Maja staunt. „Wer ist denn diese schöne Biene da?“, fragt sie.
„Ich bin deine Königin“, antwortet die Bienenkönigin und winkt sie zu sich.
„Hallo, Frau Königin!“, ruft Maja nicht ganz so ehrfürchtig, wie es sich für die Begrüßung einer Königin gehört. Doch das kann Maja natürlich noch nicht wissen. Deshalb springt sie der Königin in die Arme und gibt ihr einen dicken Kuss.

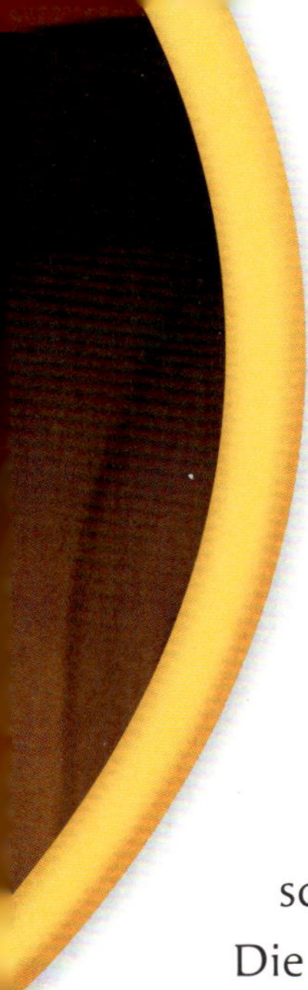

Die Königin schaut überrascht, dann muss sie lächeln. „Hallo, kleine Maja“, sagt sie freundlich. Und so hört die kleine Biene Maja das erste Mal ihren Namen.

„Maja?“, fragt sie glücklich. „Ich heiße Maja? Juhuuu! Maja find ich schön!“ Mit einem Salto hüpft sie aus den Armen der Königin zurück auf den Boden. „Äh, aber Königin ist auch ein schöner Name …“, fügt sie schnell hinzu.

Die Bienenkönigin erhebt sich lächelnd von ihrem Thron. „Ich *bin* die Königin. Und ich habe die Eier gelegt, aus denen ihr geschlüpft seid“, erklärt sie. „Aber ihr seid alle verschieden – manche von euch sind sogar besonders verschieden, scheint mir.“

Die Königin wendet sich an den Bienenjungen. „Willkommen, Willi.“

Doch Willi reagiert nicht. Mit dem Rücken zur Königin schleckt er zufrieden an seinem Nektarhörnchen.

Maja stupst ihn an. „Das bist du!“

Da versteht auch Willi. Er dreht sich um und grinst die Königin schief an.

Nun haben alle frisch geschlüpften Bienenkinder einen Namen. Bald werden sie auch den Rest des Bienenstocks kennenlernen – und das Leben auf der Klatschmohnwiese.

Willi will nicht ausziehen

Auf dem Weg zu Willis Wabe fliegt Maja an einer wichtig aussehenden Biene vorbei. „Was macht denn Richter Bienenwachs hier?“, fragt sie ihren Freund, als sie bei ihm angekommen ist. Willi seufzt. Der Richter wird bestimmen, wie viele Bienen aus dem Bienenstock ausziehen müssen. Bald schlüpfen nämlich neue Bienchen und die freien Waben reichen hinten und vorn nicht.

„135“, zählt Richter Bienenwachs, „oder nein, 120? Ich habe es errechnet: Es sind viele! Die Bienen aus den unteren vier Wabenreihen müssen ausziehen!“
O nein – die unteren vier Reihen? Da wohnt doch auch Willi!
„Ich will meine Wabe nicht hergeben“, klagt er. „Wo soll ich denn dann schlafen?“
„Ihr zieht in einen neuen Bienenstock“, erklärt Richter Bienenwachs, „etwa einen halben Tagesflug von hier entfernt. In genau zwei Tagen.“
„So weit?“, fragt Willi erschrocken.
„Der hat sich bestimmt nur verzählt“, versucht Maja, ihn zu beruhigen. Sie wird das direkt klären. „Richter Bienenwachs!“, ruft sie. „Willi möchte nicht ausziehen. Und ich möchte auch nicht, dass er auszieht. Dann könnte ich Willi gar nicht mehr so oft sehen.“

„Ich soll also für Willi eine Ausnahme machen?“, fragt der Richter. Maja schaut ihn hoffnungsvoll an. Aber er fährt fort: „Warum sollte ich das tun? Ich mache Regeln. Keine Ausnahmen.“
So leicht gibt Maja nicht auf. „Es ist aber sehr wichtig“, beharrt sie. „Willi ist mein bester Freund!“
„Es geht hier nicht um Freundschaft“, erwidert Richter Bienenwachs streng. „Es geht um den Bienenstock!“
Da ist wohl nichts zu machen – aber Maja hat schon eine Idee!

„Dann ziehst du eben einfach zu mir“, schlägt sie vor und fliegt direkt los auf die Klatschmohnwiese.
Willi schwirrt ihr hinterher. „Zu dir?“, fragt er ungläubig. Im Gegensatz zu Maja wohnt er sehr gern im Bienenstock.
„Das wird ein Spaß, Willi, wir übernachten hier zusammen.“ Maja lässt sich kichernd in ihr Blütenbett sinken.
„Für immer?“ Willi kichert nicht. „Für mich ist das kein Spaß, Maja. Ich hab keine Wabe mehr!“
Das versteht Maja natürlich. „Es ist doch nicht für immer“, tröstet sie ihren Freund. „Es ist nur für zwei Nächte!“ Wenn die anderen Bienen aus den unteren Waben erst ausgezogen sind, finden sie bestimmt wieder eine kuschelige Wabe für Willi. Bei dieser Aussicht geht es ihm gleich ein bisschen besser.
„Wir müssen nur aufpassen, dass uns niemand entdeckt“, erklärt Maja. „Wenn der Richter merkt, dass du nicht im Bienenstock bist, wird er bestimmt nach dir suchen.“
Sofort ist Willi wieder ganz aufgeregt. Nicht einmal der schöne Sonnenuntergang über der Klatschmohnwiese kann ihn ablenken. Wie soll er denn so schlafen?

„Maja, ich will nicht von hier wegziehen", sagt er.
Maja gibt ihm einen Kuss. „Wir bleiben zusammen!", verspricht sie. Trotzdem wälzt Willi sich die halbe Nacht in der Blüte hin und her. Er träumt von Richter Bienenwachs und vom Ausziehen und muss sogar Maja wecken, damit sie ihn beruhigt.
„Mach die Äuglein zu und träum von süßem Honig", sagt sie verschlafen. *O ja, lecker Honig.* Das hilft. Honig hilft immer. Schon der Gedanke daran vertreibt Willis Kummer und Sorgen – und um Richter Bienenwachs und den Auszug kümmern sie sich einfach morgen! Endlich schläft auch Willi ein. Gute Nacht!

Hilfe für die Holzbiene

Maja liegt in einer Blüte und fächelt sich Luft zu. „Heute ist die liebe Sonne aber ganz schön heiß", murmelt sie. Ob es im Wald kühler ist? Sie rappelt sich auf und bahnt sich einen Weg durch die hohen Grashalme der Klatschmohnwiese. O ja, im Schatten der Bäume lässt es sich viel besser aushalten! Übermütig springt Maja von Pilz zu Pilz, macht einen Salto – und rast mit voller Wucht in eine große Biene.

„Mein schönes Wasser“, beschwert die Biene sich. „Pass doch auf!“ Ups! Beim Zusammenstoß ist ein Kelch runtergefallen, in dem die Biene Wasser transportiert hat.

„Das tut mir leid“, sagt Maja zerknirscht. Dann fällt ihr auf, dass sie die Biene gar nicht kennt. „Ich bin Maja. Und wer sind Sie? Ich hab Sie noch nie im Stock gesehen.“

Das liegt daran, dass die Biene gar nicht im Stock wohnt. „Ich bin eine Holzbiene und lebe allein hier draußen“, erklärt sie.

„Genau wie ich!“, ruft Maja. Denn auch sie wohnt ja nicht bei den anderen Bienen, sondern ganz allein auf der Klatschmohnwiese. Eine Holzbiene ist sie aber nicht.

„Ich muss weiter“, sagt die Holzbiene. „Bei der Hitze trocknen meine Larven sonst aus. Sie brauchen dermaßen viel Wasser.“

„Versuchen Sie, die Luft mit den Flügeln zu kühlen“, schlägt Maja vor. Das kennt sie aus dem Bienenstock. Dort schwirren die Kühlbienen an heißen Tagen auf der Stelle und benutzen ihre Flügel wie Ventilatoren.

Kurzerhand holt Maja ihren Freund Willi und die beiden machen sich zusammen auf den Weg zur Holzbiene, um ihr beim Kühlen zu helfen. Drei Paar Flügel schaffen schließlich mehr als eins! Die Holzbiene wohnt in einem alten Baumstumpf im Wald. Schon von Weitem hören die Bienen das Geschrei der kleinen Larven. Es ist aber auch heiß heute!
Drinnen fliegen Maja und Willi sofort zu den Larven. Sie drehen ihnen den Rücken zu und flattern wie wild mit den Flügeln, genau wie sie es bei den großen Bienen im Bienenstock gesehen haben. Die Larven schreien weiter. Maja und Willi flattern schneller. Auch wenn ihre Flügel kleiner sind als die der Kühlbienen im Bienenstock: Irgendwann muss der kühle Luftzug doch bei den Larven ankommen!

Die beiden müssen sich ganz schön abstrampeln, bis die hohe Temperatur im Baumstamm endlich sinkt und die Larven der Holzbiene sich beruhigen. Eine kichert sogar glücklich vor sich hin. Die Holzbiene seufzt erleichtert auf und lächelt Maja und Willi an.
„Im Bienenstock gibt's fürs Kühlen immer eine Portion Extra-Honig", sagt Willi.
„Ihr seid wirklich nette Bienchen", sagt die Holzbiene dankbar. „Ich mag euch."
Honig gibt sie ihnen nicht – aber Willi hat es wenigstens versucht. Und am wichtigsten ist ja sowieso, dass sie der Holzbiene und ihren Larven an diesem heißen Tag mit einer kleinen Abkühlung helfen konnten.

Maja und der Sternenregen

In einer warmen Sommernacht liegt Maja in ihrer Blüte und schaut in den sternenklaren Himmel. Eine Sternschnuppe! Maja klatscht begeistert in die Hände. Wie toll!
„Schnell, ich darf mir was wünschen“, sagt sie laut zu sich selbst. „Mal sehen, ähm … Ich wünsche mir, dass es ganz, ganz viele Sterne regnet.“

Was Maja nicht weiß:
Sie ist nicht allein auf der nächtlichen Klatschmohnwiese. Ganz in der Nähe ihrer Blüte ist ein kleiner Ohrenkneifer unterwegs.
Als er Majas Wunsch hört, hat er eine Idee: Wozu haben Ohrenkneifer schließlich Zangen?
Im Nullkommanichts schneidet er viele, viele Sterne aus den Blättern um sich herum und lässt sie auf Maja hinunterregnen.
„Mein Wunsch ist in Erfüllung gegangen!", ruft Maja glücklich.
„Ist das schön!"
Da entdeckt sie den Ohrenkneifer. „Hallo, du da oben!", ruft sie ihm zu. „Hast du gerade den Sternenregen gesehen?"
„Na, klar doch." Der Ohrenkneifer lacht. „Das war ich."
„Das kann ich gar nicht glauben", sagt Maja beeindruckt. „Ist das wahr? Wer bist du, wie heißt du? Und wie hast du das gemacht?"
„Mit meinen Zangen", erklärt der Ohrenkneifer stolz und hält sie schnippelnd in die Höhe, sodass Maja sie sieht.
„Damit bin ich außerordentlich geschickt." Schon lässt er die nächsten Kunstwerke auf Maja niederregnen.
Diesmal sind es bunte Blumen aus Blütenblättern.
„Danke, das ist schön!", ruft Maja.
„Sternschnuppenschön!"
Der fremde Künstler lächelt zufrieden.
„Ich bin Oswalt, der Ohrenkneifer", stellt er sich schließlich vor.

Maja nennt ihm auch ihren Namen. „Morgen musst du unbedingt meine Freunde kennenlernen. Die werden dich mögen. Da bin ich mir sicher."

„Mich mag jeder", sagt Oswalt selbstbewusst. „Weil ich so tolle Sachen machen kann. Ich kann dir noch mehr zeigen."

„Na schön, fliegen wir!", stimmt Maja zu. Es ist zwar schon spät, aber zu einem kleinen Abenteuer sagt sie nie Nein.

Oswalt zaubert wieder mit seinen Zangen und kurz darauf hält Maja einen grünen Sonnenschirm aus Blättern in der Hand. Den kann sie gut gebrauchen! Auf der Klatschmohnwiese gibt es an heißen Sommertagen nicht viel Schatten.

„Danke, Oswalt", sagt Maja und gähnt. „Kannst du das morgen auch für Ben und Willi machen?"

„Ben und Willi?", fragt Oswalt nach.

„Ja, Ben und Willi sind meine allerbesten Freunde“, erklärt Maja. Sie würde sie ihm ja gern jetzt sofort vorstellen, aber die beiden schlafen sicher schon. Und das sollte sie auch so langsam tun! „Na dann, Oswalt, wir sehen uns morgen!“, ruft sie dem Ohrenkneifer zu und fliegt zu ihrer Blüte. Was für eine schöne Nacht! Zufrieden kuschelt sie sich ein. Auch Oswalt geht nach Hause. Er hat sich bei der Sternschnuppe einen neuen Freund gewünscht. Und so wie er das versteht, hat er ab morgen vielleicht sogar gleich drei davon. Er lässt seine Zangen noch einmal klappern, dann schläft er ein und träumt von schönen Abenteuern auf der Klatschmohnwiese – mit seinen neuen Freunden.

Mittellange Geschichten

Maja will nicht arbeiten

Heute zeigt Frau Kassandra der kleinen Maja und anderen frisch geschlüpften Bienen den Bienenstock.
„Hier werdet ihr essen, schlafen und gemeinsam arbeiten“, erklärt sie.
„Frau Kassandra, was ist arbeiten?“, fragt Maja. Aber Frau Kassandra führt sie nur tiefer in den Stock. Was für ein Gewimmel! Überall um sie herum summt und brummt es und unzählige Bienen schwirren beschäftigt umher.

Während die anderen kleinen Bienen brav auf dem Weg bleiben und Frau Kassandra folgen, hinkt Willi etwas hinterher. Er ist langsamer als die anderen, weil er alle paar Schritte an seinem Nektarhörnchen schleckt. Und Maja? Die springt fröhlich von einem Pilz am Wegesrand zum anderen.

Da entdeckt sie plötzlich die Wabenfenster, durch die man nach draußen schauen kann. Ihre Augen weiten sich vor Staunen, als sie auf eine große grüne Fläche mit vielen bunten Blüten blickt.

„Was ist das?", fragt Maja. So etwas hat sie ja noch nie gesehen!

„Die Wiese, Maja", antwortet Frau Kassandra.

„Und was ist da draußen so hell und warm?", fragt Maja weiter.

Frau Kassandra reicht ihr die Hand und Maja hüpft vom Pilz.

„Das ist die Sonne, Maja. Du willst wohl alles auf einmal wissen."

O ja! Die neugierige Maja kann es gar nicht erwarten, alles zu erfahren, was es auf dieser Welt gibt.

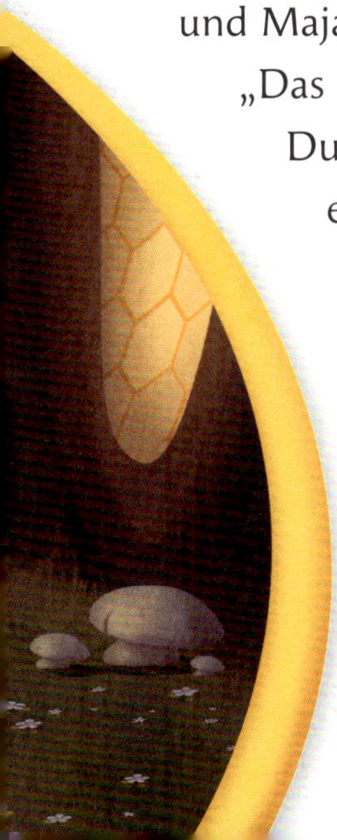

Neben den Bienenkindern haben große Bienen eine lange Kette gebildet und reichen sich Blütenkelche weiter.
„Was machen die da?“, fragt Maja direkt weiter.
„Sie arbeiten“, erklärt Frau Kassandra. Eine Aufseherin überprüft, ob die Arbeitsbienen alles richtig machen.
Ah! Das ist also dieses Arbeiten! Maja ist sich noch nicht sicher, ob ihr das gefällt.
„Wie lange arbeitet ihr denn?“, erkundigt sie sich bei zwei Arbeitsbienen. „Macht ihr auch mal was anderes?“

Die beiden schauen sie nur verwirrt an – macht aber nichts, denn Maja hat schon wieder etwas Spaßiges entdeckt: leuchtende Blüten. Begeistert springt sie zu ihnen und lässt sich kichernd hineinfallen.

„Maja!“, schimpft Frau Kassandra und zieht sie weiter.

Maja pflückt noch schnell zwei der Leuchtstängel. „Damit kann man toll spielen!“

„Ihr seid nicht hier, um zu spielen“, erklärt Frau Kassandra. „Wir alle sind hier, um zu arbeiten.“

Doch Maja hört ihr gar nicht mehr richtig zu. Sie tanzt mit ihren Leuchtstängeln um Willi herum und lacht. „Sind das nicht lustige Leuchtedinger?“, ruft sie.

Willi muss auch lachen. „Ja. Und du bist auch lustig, Maja.“

Frau Kassandra seufzt. „Gute Güte. Die Königin hatte recht. Die beiden sind besonders verschieden. Mal sehen, wie sie sich bei der Arbeit machen.“

Als Nächstes zeigt Frau Kassandra den kleinen Bienen, wie große Bienen aus flüssigem Wachs ordentliche Waben formen. Dann probieren die Bienenkinder es selbst aus. Stolz zeigen sie Frau Kassandra ihre Arbeit.

„Gut gemacht, Summchen!“, lobt Frau Kassandra. „Genauso muss es sein.“

Beim Blick auf Willis Wabe stutzt sie. „Die Form und die Größe stimmen noch nicht.“ Da hat sie recht. Willis Wabe will einfach nicht sechseckig werden. Egal, wie viel Mühe er sich gibt, seine Waben werden viereckig.

„Und wie ist es bei dir, Maja?“, fragt Frau Kassandra und kommt zu ihr hinüber.

Maja ist noch eifrig bei der Sache. Sie hat sich etwas ganz Besonderes überlegt. Dann ruft sie fröhlich: „Fertig! Ist doch schön, oder?“ Stolz hält sie eine perfekt geformte Wachsblüte hoch.

„Ja, schon“, sagt Frau Kassandra und stemmt die Hände in die Hüften. „Aber es ist eine Blume und keine Bienenwabe, Maja. Wir bauen Waben, weißt du? Und alle sehen genau gleich aus.“

Maja seufzt. Es ist so langweilig, wenn alle das Gleiche machen! Aber wer weiß: Vielleicht findet sie irgendwann ja noch eine Aufgabe, die sie gern macht. Fürs Erste freut sich Maja trotz Frau Kassandras Worten über ihre schöne Wachsblume – denn die hat sie wirklich gut hingekriegt!

Die Lausebiene

„Huiii!“ Maja saust flitzeschnell durch hohe Grashalme und über Stock und Stein. Dann entdeckt sie ein paar Pilze und springt fröhlich von einem zum anderen. Das macht Spaß! Aber etwas ist anders als sonst. Es zwickt und zwackt und juckt sie am ganzen Körper.

Als eine Holzbiene vorbeikommt, fragt Maja sie, ob es ihr auch so geht.

„Hast du etwa Läuse?“, fragt die Holzbiene entsetzt. „Bleib mir bloß vom Leib!“ Schnell schwirrt sie weiter.

„Läuse, was ist das?“, ruft Maja ihr hinterher. „Wie hat man die denn?“ Aber sie bekommt keine Antwort mehr. Also beschließt sie, zum Bienenstock zu fliegen und Frau Kassandra zu fragen.

Im Bienenstock ist es schön kühl. Viele, viele Arbeitsbienen schwirren vor den Waben auf der Stelle und benutzen ihre Flügel als Ventilatoren, damit der Stock nicht zu heiß wird. Auch Willi ist dabei.

„Alle Kühl-Bienen bekommen Extra-Honig“, erklärt er Maja zufrieden und flattert langsam mit seinen kleinen Flügeln.

„Komm mit, Faulpelz!“, sagt Maja. „Ich will Frau Kassandra was fragen.“

Doch die ist gar nicht so leicht zu finden. „Wissen Sie, wo Frau Kassandra ist?“, brüllt Maja einer Kühl-Biene nach der anderen ins Ohr, aber bei all dem lauten Geflatter verstehen sie Maja nicht. Was Maja nicht merkt: Auch die Kühl-Bienen zwickt und zwackt und juckt es am ganzen Körper, nachdem sie bei ihnen war. Oje!

Als sie Frau Kassandra schließlich finden und nach den Läusen fragen, erklärt sie: „Läuse sind winzig klein, ja beinahe unsichtbar. Sie verkriechen sich in unserem Fell. Und wenn wir Honig essen, dann nehmen sie sich klammheimlich ein Tröpfchen davon."

„Na, so was!", sagt Willi empört.

„Wenn man sie nicht sieht, woher weiß man dann, dass man sie hat?", will Maja wissen.

„Sie jucken. Man muss sich ständig kratzen", sagt Frau Kassandra. „Aber jetzt muss ich los." Sie fliegt davon und wundert sich unterwegs über die vielen Kühl-Bienen, die sich kratzen, anstatt Luft zu fächeln. Das fällt auch Maja und Willi auf.

„Ich möchte mal wissen, wer uns die Läuse in den Bienenstock geschleppt hat", hören sie eine Wachbiene sagen.

„Läuse in unserem Bienenstock?", fragt Maja alarmiert. Plötzlich fällt es ihr wie Pollen von den Blüten. „Das war ich", sagt sie leise zu Willi.

„Das gibt's doch nicht!", entgegnet er und fängt auch gleich an, sich zu kratzen. „Heißt das, ich hab diese Honigräuber jetzt auch? Ich will meinen Extra-Honig nicht teilen!"
Maja durchsucht Willis Fell. Doch kaum hat sie ihn von den Läusen befreit, da fängt er sich schon wieder neue von ihr ein. Das muss irgendwie anders gehen.
„Hey, Willi, ich hab eine Idee!", ruft Maja. Sie fliegt hoch und höher, schnell und schneller. Willi folgt ihr. Ob sich die Läuse so abschütteln lassen? Spaß macht es jedenfalls. Nach einem letzten Looping rasen die beiden mit voller Geschwindigkeit auf den Boden zu. „Bienen im Anflug!", kann Willi noch rufen, dann landen sie auch schon unsanft vor Paul und seiner Ameisenarmee.

„Warum fallt ihr wie Kieselsteine vom Himmel?“, fragt Paul und Maja erklärt ihm die Läusesache. Es juckt sie schon wieder ganz fürchterlich, die Läuse lassen sich wohl nicht so einfach abschütteln. Hoffentlich springen sie nicht auch noch zu Paul! Doch der bleibt ganz ruhig. „Läusetropfen legen!“, befiehlt er seiner Truppe und schon reiben sich alle mit einer Flüssigkeit ein – Ameisensäure. Leider funktioniert sie nur bei Ameisen. Was funktioniert bei Bienen?

Da fällt Maja die Holzbiene wieder ein. Vielleicht hat sie ein Mittel, das ihnen hilft.

Als die Holzbiene Maja sieht, schimpft sie: „Von dir hab ich mir diese Läuse eingefangen!“ Sie kratzt sich am Bauch. „Jetzt musste ich auch noch Lavendel ernten!“

„Lavendel?“, fragt Maja interessiert.

„Das ist gegen die Läuse.“ Die Holzbiene schwirrt mit ihrer Ernte los und bereitet sich damit ein lila Lavendelbad. „Das tut gut!“, sagt sie genüsslich, als sie darin eintaucht. „Na los, hüpf rein, kleine Lausebiene!“

Das lässt Maja sich nicht zweimal sagen. Willi dagegen nascht zuerst vom Lavendel – pfui, das schmeckt nicht! Die Holzbiene erklärt ihm, dass er sich damit einreiben muss, und auch Willi seufzt erleichtert auf. Endlich juckt es nicht mehr!

Jetzt müssen sie nur noch die Bienen im Stock von den Läusen befreien. Und Maja weiß auch schon, wie. Gemeinsam mit Paul und seiner Truppe bereiten sie einen riesigen Lavendelpool vor. Erst trauen die Bienen sich nicht, aber als Frau Kassandra es ihnen vormacht, hüpfen doch alle mit rein.

„Wie heißt es so schön: Läuse, die baden, beißen nicht“, sagt Willi. Er und Maja freuen sich: Sie haben es geschafft – alle sind wieder juck- und läusefrei!

Drachensteigen

Heute möchte Maja ihren besten Freunden Ben und Willi einen neuen Freund vorstellen.
„Er heißt Oswalt und ist ein richtiger Künstler!“, schwärmt sie. Wie zum Beweis dreht sie ihren neuen Sonnenschirm, den Oswalt ihr aus Kleeblättern gefertigt hat. „Er ist ein Ohrenkneifer und ihr werdet staunen, was er aus Blättern alles machen kann! Ihr müsst ihn kennenlernen!“

Willi gibt nur ein Schmatzen von sich. Ben hingegen sagt laut und sehr deutlich: „Aber ich möchte keinen Ohrenkneifer kennenlernen. Wir wollten doch heute picknicken. Hast du das vergessen?“ Zärtlich tätschelt er den Mistball neben sich und gibt ihm einen Kuss. „Mein Ballie freut sich schon den ganzen Morgen darauf.“

Wenn es ums Essen geht, wird auch Willi hellhörig. „Ja, es ist alles schon vorbereitet!“, ruft er und jongliert lachend mit den leckeren Pollen.

„Wie wär’s, wenn wir mit Oswalt zusammen picknicken?“, schlägt Maja vor.

In dem Moment lässt Willi versehentlich die Pollen fallen und stolpert von seiner Blüte. Glücklicherweise landet er auf einem Blatt und nicht auf dem Boden. Neben ihm liegt einer der Pollen. Er steckt ihn sich lieber gleich in den Mund, bevor er noch verloren geht.

Maja lacht. Mal sehen, ob bis zum Picknick überhaupt noch etwas übrig ist. „Jetzt kommt“, drängelt sie, „ich will euch Oswalt vorstellen.“

Willi schleckt an einem weiteren Pollen und Ben streichelt weiter seinen Ballie. Aber als Maja mit ihrem Sonnenschirm losfliegt, folgen sie ihr doch.

Oswalt hat etwas Tolles für die drei Freunde vorbereitet: Mit seinen Zangen hat er Formen aus Blättern und Blüten geschnitten und sie zu einem Flugdrachen zusammengebastelt. Wie ein Vogel fliegt der Drachen über die Klatschmohnwiese. Das Seil hat Oswalt aus dem Netz von Spinne Thekla stibitzt.

„Seht euch das an!", schwärmt Maja, als sie den Drachen am Himmel entdeckt. „Ist das nicht toll?" Dann stellt sie Oswalt endlich Ben und Willi vor.

Die beiden winken ihm freundlich zu. Eigentlich wollen sie ja immer noch lieber picknicken gehen. Aber der Drachenvogel sieht super aus, das müssen sie zugeben. So einen hätten sie auch gern.

„Hallo!", sagt Oswalt. „Ihr wollt bestimmt meine Freunde sein. Wir können zusammen spielen. Hier, die sind für euch." Er deutet mit seiner Schere auf drei weitere selbst gebastelte Flugdrachen, die neben ihm für Maja, Ben und Willi bereitliegen.

Jetzt sind auch Ben und Willi überzeugt.

„Du hattest recht, Maja", gibt Willi zu

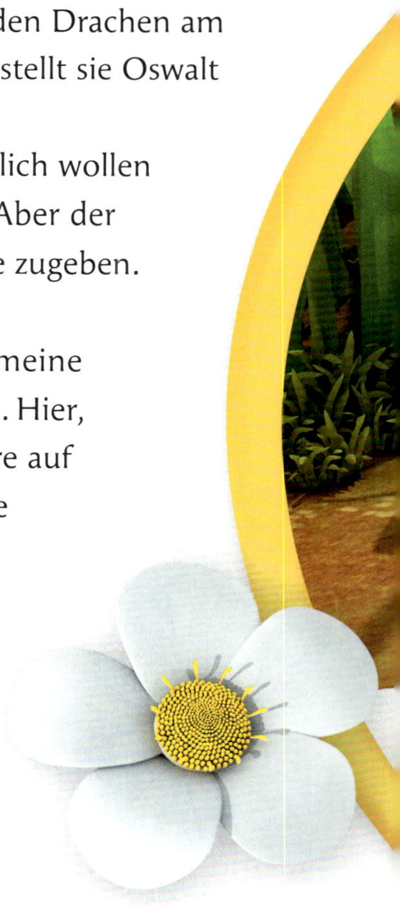

und schnappt sich einen der Drachen. „Na los, probieren wir's!" Auch Maja und Ben greifen nach den Drachenschnüren und bald schweben gleich vier Vogeldrachen am Himmel.
„Sie fliegen!", jubelt Willi. „Wie richtige Vögel!" Wenn er gewusst hätte, wie schön es mit Oswalt und seinen Drachen wird, hätte er gleich Ja gesagt.

Die vier neuen Freunde lassen fröhlich ihre Drachen steigen. Ben balanciert dabei sogar auf seinem Ballie.

„Das macht Laune", sagt Willi lachend.

Auch Maja kichert. „Was hab ich gesagt? Oswalt ist toll!" Sie hat doch gewusst, dass die drei sich gut verstehen würden.

Doch da passiert es: Eine Windböe erfasst Bens Drachen und bringt Ben auf seinem Mistball ins Straucheln. „Das Flatterding zieht mich von Ballie weg!", kann er noch rufen, da macht er auch schon eine harte Po-Landung auf dem Boden.

„Dein Fliegerding funktioniert gar nicht richtig", beschwert er sich beleidigt bei Oswalt.

„Dein Ballie kann ruhig mal allein sein, Ben", versucht Maja ihn zu beruhigen. „Ist doch nicht schlimm."
„Hast du Angst, dass dir jemand dein Stinkeding wegkullert?", fragt Willi grinsend.
„Sehr witzig", entgegnet Ben. Ballie und er gehören nun mal zusammen!
Da rutscht Willi seine Schnur aus der Hand. „O nein!", ruft er. „Mein Blättervogel! Wir müssen ihn einfangen!"
Zum Glück können drei der vier Freunde fliegen. Maja, Ben und Willi schwirren dem Drachen hinterher. Willi bekommt das Seil zu fassen. Geschafft!
Willi hat seinen Drachen zurück und auch Ben passt jetzt besser auf. Er bleibt zwar in Ballies Nähe, lässt seinen Drachen aber doch lieber vom Boden aus steigen. Zusammen haben sie noch jede Menge Spaß. Was für ein Glück, dass Maja ihre Freunde mit zu Oswalt genommen hat. Und morgen machen sie dann wirklich ein Picknick. Zu viert.

Die Raupenwanderung

Maja und Willi rutschen die Äste einer großen Eiche hinunter und springen auf den Blättern wie auf Trampolinen. „In einer Eiche ganz weit oben lässt es sich am besten toben!“, ruft Willi ausgelassen.

Maja lacht. „Noch höher!“, ruft sie und fliegt schon mal vor. „Die Raupen müssen gleich da sein.“ Denn sie sind nicht nur zum Toben hier. Sie wollen die Raupenwanderung beobachten. „Ui, da hat Flip aber nicht zu viel versprochen. Das sind ganz schön viele“, staunt Willi, als er die lange Raupenschlange unten auf dem Weg sieht.

„Komm, Willi, wir begrüßen sie!“ Schon ist Maja wieder unterwegs und Willi fliegt ihr nach.
„Hallo, ihr Raupen!“, ruft Maja ihnen im Flug zu und landet neben Mistkäfer Ben, der mit seinem Mistball am Wegesrand wartet. „Ist so eine Raupenwanderung nicht toll?“, fragt sie ihn.
„Also, ich finde die ziemlich unfreundlich“, meint Ben. „Sie versperren Ballie und mir den Weg. Und anhalten tun sie auch nicht.“
„Flip hat gesagt, dass sie zur Eiche wandern“, erklärt Willi. Dort wollen sie sich nämlich verpuppen und danach werden sie Schmetterlinge.
„Und wie viele kommen da noch?“, fragt Ben genervt. „Weiß Flip das auch?“
„Das kann ich dir sagen: zu viele!“, ruft Schnecke Rufus mürrisch von der anderen Wegseite. „Und ich sag euch noch was“, fügt er hinzu. „Die laufen straff an der Eiche vorbei.“
Stimmt! Jetzt sieht Maja es auch. Das ist seltsam. Die Raupen heißen doch sogar Eichenspinner. Oder so ähnlich. Bestimmt haben sie sich verlaufen!

Maja und Willi schwirren zur vordersten Raupe in der Schlange, um der Sache auf den Grund zu gehen. „Wollt ihr zur großen Eiche?“, fragt Maja freundlich. „Dann lauft ihr falsch. Euer Baum liegt nämlich in einer anderen Richtung. Wir könnten hochfliegen und euch dann von oben den Weg zeigen.“

„EI-CHE“, brummt die Anführerraupe und schlängelt sich stur weiter geradeaus. Anscheinend ist sie nicht sehr gesprächig. Und vielleicht hört sie auch schlecht?

Maja flattert direkt vor sie und versperrt der Raupe so den Weg. Sie muss ihr doch erklären, wo es zur Eiche geht!

„EI-CHE“, brummt die Raupe wieder – und macht einfach einen Bogen um Maja.

Das gibt es doch nicht! „Die Raupen können wirklich nicht anhalten“, stellt Maja fest. „Aber sie weichen aus.“ Das bringt die schlaue Biene auf eine Idee. „Komm, Willi, wir brauchen Hilfe!“, ruft sie und schon saust sie los.

Willi hat kaum Zeit, sich zu fragen, wohin sie will, da landen sie schon bei Paul und seiner Ameisenarmee. Wenn sie alle zusammen Hindernisse entlang des Weges aufstellen, können sie die Raupen damit in die richtige Richtung lenken – dann kommen sie am Ende auch bei der Eiche an!
„Das ist ein sehr kluger Plan“, findet Paul und trommelt gleich ein paar Ameisen zusammen. „Alle mal herhören, Männer! Raupenumleitung einleiten! Wir brauchen: Zweige und Blätter.“

Die Ameisen eilen los. Ihre gesammelten Zweige stecken sie in die Erde und befestigen große Blätter daran. Im Nullkommanichts haben sie so eine Umleitung gebaut, die die Raupen direkt zur Eiche führen soll.
„Blatt Nummer 1 in Stellung!", verkündet Paul.
Und es funktioniert: Die Raupen nehmen die Umleitung. Juhu! Maja und Willi begleiten die Raupenwanderung, bis es nur noch geradeaus geht. Den Rest schaffen die Raupen auch allein. Erleichtert schwirren die beiden Bienen zu Pauls Ameisenarmee und bedanken sich.
„Raupenumleitung beendet!", ruft Paul seinen Männern zu. Dann wollen Maja und Willi doch noch mal nach den Raupen sehen. Die beiden müssen gar nicht weit fliegen, da entdecken sie sie auch schon – aber nicht an der Eiche, sondern an einem alten Baumstumpf. Unentwegt laufen die Raupen im Kreis darum herum. O nein, ein Umleitungsblatt wurde aus Versehen verrückt und hat die Raupen in die falsche Richtung gelenkt! Und dabei haben die Raupen schon mit der Verpuppung angefangen: Sie spinnen weiße Fäden, denen sie um den Baumstumpf folgen. Wie sollen sie denn so den richtigen Baum finden?

Maja denkt nach. Es gibt noch jemand, der weiße Fäden spinnt: Spinne Thekla. Schnell fliegt Maja mit Willi zu ihr und stibitzt einen Faden aus dem Spinnennetz. Damit können sie den Raupen den richtigen Weg weisen. Irritiert betrachtet die Anführerraupe den neuen Faden, folgt ihm aber zum Glück. „EI-CHE“, brummt sie noch ein letztes Mal und dann kommen die Raupen endlich am Baum an. Jetzt können sie sich in Ruhe verpuppen – dank des doppelten Einsatzes von Maja und Willi!

Lange Geschichten

Die wunderschöne Wiesenwelt

Die kleine Maja und die anderen Bienenkinder dürfen das erste Mal auf die Wiese mit den vielen bunten Blumen! Maja ist ganz aufgeregt. Als sie aus dem Bienenstock tritt, kitzeln die Gerüche der Wiese sie in der Nase. Sie blinzelt im hellen Sonnenschein.
„Das ist sonnenschön!“, ruft sie begeistert.
„So, ihr Summchen. Wer hier draußen ist, muss fliegen können“, sagt Frau Kassandra.

Fliegen? Das wollen die Bienenkinder gern lernen.
Aber ob sie es hinbekommen?
„Keine Angst", beruhigt Frau Kassandra sie. „Ihr könnt alle fliegen. Ihr müsst euch nur trauen!"
Sie macht es ihnen gleich vor.
Am Rand eines großen Blatts wippt sie ein paarmal und springt dann hoch. Wie auf einem Trampolin. Im Sprung breitet sie die Flügel aus – und fliegt! „Seht ihr? Das ist summcheneinfach!"
Die Bienenkinder jubeln.
„Jetzt seid ihr dran", verkündet Frau Kassandra. „Willi?"
Doch Willi ist ängstlich. „Ich?", fragt er erschrocken und sucht schnell nach einer Ausrede. „Aber das geht nicht. Ich muss mich um das Nektarhörnchen kümmern."
Das lässt Maja nicht gelten. „Trau dich, Willi!", feuert sie ihn an. Sie nimmt ihm den Nektar ab und beobachtet, wie er zum Blattrand geht. Er stößt sich ab, wird in die Luft geschleudert, landet auf dem Po, wird wieder hochgeschleudert – dann schlägt er mit den Flügeln und schwebt in der Luft!
„Ich kann's! Ich kann wirklich fliegen!", ruft er stolz.
Kaum hat er das gesagt, verliert er das Gleichgewicht und stürzt kopfüber in einen Erdhaufen. Frau Kassandra eilt besorgt zu ihm und zieht ihn wieder raus. Zum Glück ist nichts passiert.
„Beim nächsten Mal klappt es bestimmt besser", sagt Frau Kassandra tröstend.

Als Nächste ist Maja an der Reihe. Endlich! Sie wippt ein paarmal auf und ab, dann saust sie schon über die Wiese und lässt sich den Flugwind um die Nase wehen. „Wie das duftet und summt und schwirrt überall!“, ruft sie lachend. Hier draußen ist vielleicht was los! Unter sich sieht Maja ein grünes Wesen, das einen großen Ball aus Erde vor sich herschiebt. „Frau Kassandra, ich hab was entdeckt!“, ruft sie. Neugierig fliegt sie näher.

Schnell schwirren auch die Lehrerin und die anderen Bienenkinder zu ihr.

„Oh, ein kleiner Mistkäfer“, sagt Frau Kassandra und erklärt: „Sie halten die Wiese sauber und sind sehr nützlich.“

„Ich heiße Ben – mit B wie Ballie“, stellt der Mistkäfer sich vor und lehnt sich lässig gegen seinen Ball.

„Hallo, Ben“, begrüßen ihn die Bienen.

Leider hat Ben keine Zeit, länger mit ihnen zu plaudern. „Ballie und ich müssen weiter. Tschüssi!"
Schon rollt er seinen Mistball davon.
„Gibt es hier noch mehr Käfer?", fragt Maja.
„Aber ja", antwortet Frau Kassandra, „Käfer, Schnecken, Würmer ..."
„Dann nichts wie zurück in den Stock!", sagt Willi erschrocken. „Sonst klaut mir noch einer meinen Nektar."
Aber Maja will alle Tiere kennenlernen. Am besten noch heute! Wie so eine Schnecke wohl aussieht? Vielleicht wie dieser bunte Bogen am Himmel? Grübelnd setzt sie sich auf einen Stein und vergisst dabei ganz, dass sie bei ihrer Gruppe bleiben soll.

„Hey“, ertönt eine tiefe Stimme unter ihr. „Runter von meinem Häuschen! Das ist doch keine Bank, um sich auszuruhen.“ Huch! Schnell fliegt Maja hoch. Zum Glück kann sie das schon.
„Hallo?“, sagt sie. „Ist da jemand drin?“
„Ja, ich. Rufus“, sagt der Nicht-Stein. „Und du hast auf meinem Schneckenhaus gesessen.“ Ein hellgrüner Kopf mit zwei langen Fühlern schiebt sich unten aus dem Haus.
„Schneckenhaus?“, fragt Maja nach. „Bist du eine Schnecke? Hast du dein Haus immer dabei?“
„Ja, aber ich kann keine Besucher empfangen. Dafür ist es zu klein. Und tschüss. War nett, dich kennenzulernen.“ Mit diesen Worten zieht Rufus seinen Kopf wieder in sein Haus.
Als Maja weiterfliegt, hört sie eine wunderschöne Melodie. Wo die wohl herkommt?
Sie schlängelt sich zwischen Gräsern hindurch, bis sie zu einem grünen Geigenspieler kommt. Er hat einen Hut auf dem Kopf – und vier Arme! Als er Maja bemerkt, hört er auf zu spielen.

„Gefällt dir meine Musik?", fragt er. „Ich bin Flip, der Grashüpfer."
Maja stellt sich auch vor. „Das klingt sonnenschön!", sagt sie und dann fragt sie ihn nach dem bunten Bogen am Himmel.
„Das ist ein Regenbogen", erklärt Flip. „Ich erzähle dir eine Geschichte darüber. Seine Mutter ist die Sonne. Und sein Vater ist der Regen ..."
Doch da kommt Frau Kassandra angeflogen und schimpft.
„Maja! Ich hab dir doch gesagt, du sollst nicht wegfliegen. Das ist gefährlich."
Aber Maja findet es hier draußen so schön! Traurig folgt sie Frau Kassandra zurück in Richtung Bienenstock.
„Keine Sorge, Maja!", ruft Flip ihr hinterher. „Wir sehen uns bald wieder! Und dann erzähl ich dir die Geschichte."

„Es war wunderschön auf der Wiese", sagt Maja am Abend zu ihrer Lehrerin. „Am liebsten wäre ich dort geblieben."
„Maja, Bienen leben in einer Gemeinschaft mit anderen Bienen", antwortet Frau Kassandra. „So ist das nun mal."
Doch so leicht gibt Maja ihren Traum nicht auf. Sie möchte viel lieber in einer hübschen Blume wohnen, irgendwo auf dieser kunterbunten Wiese.
Als die anderen Bienenkinder eingeschlafen sind, fliegt Maja noch einmal zum Eingang des Bienenstocks. Sehnsüchtig sieht sie hinaus.
Plötzlich tippt ihr jemand auf die Schulter. Willi hat Majas nächtlichen Ausflug bemerkt und ist ihr gefolgt. Gefolgt sind ihnen auch zwei Wachen, die nun eilig und mit strengem Blick auf sie zumarschieren. Ohne lange nachzudenken, schnappt Maja sich Willis Hand und zieht ihn mit sich aus dem Bienenstock.

Im silbernen Mondschein sieht die Wiese ganz anders aus! Bald schon wissen die beiden nicht mehr, wo sie sind. Da erklingt eine wunderschöne Melodie, die Maja vertraut vorkommt. Grashüpfer Flip! Schnell fliegen sie zu ihm. Zum Glück kennt Flip den Weg zum Bienenstock und begleitet sie zurück nach Hause. Unterwegs erzählt er ihnen von der Wiese bei Nacht.
„Und der hübsche Regenbogen, wo ist der hin?“, erkundigt Maja sich. „Schläft der jetzt?“
Ja, der Regenbogen schläft, weiß Flip. Denn die Sonne und der Regen sind seine Eltern. Der Mond aber bringt die Nacht und die Dunkelheit und keine Farben. Das kann nur die Sonne.
„Und wann kommt die Sonne wieder?“, fragt Maja neugierig weiter.
„Hü-hüpf“, sagt Flip, „schon bald. Und dann ist wieder Tag und alles wird bunt.“

Als die drei beim Bienenstock ankommen, bringen die Wachen sie sofort zur Bienenkönigin. Alle haben sich große Sorgen um Maja und Willi gemacht!
Maja entschuldigt sich. Immerhin hat sie Willi überredet, da soll er keinen Ärger kriegen. „Aber ich möchte nicht hier im Stock leben“, erklärt sie dann. „Die Wiese ist so sonnen-sonnenschön. Auch nachts, wenn der Mond scheint. Ich liebe die Wiese.“
Die Bienenkönigin überlegt. Kleine Bienchen sollten nicht allein leben. Aber vielleicht gibt es für dieses besondere kleine Bienchen doch eine besondere Möglichkeit?
„Eigentlich ist die Wiese nicht der richtige Ort, an dem ein junges Bienchen allein leben kann“, meldet sich Flip zu Wort und Maja denkt schon, dass ihr Wunsch sich niemals erfüllen wird. Doch dann ergänzt Flip zu ihrer Erleichterung: „Aber Maja ist nicht so wie die anderen. Außerdem würde ich immer auf die Kleine achtgeben.“

Das überzeugt die Königin. Sie ruft Maja zu sich. Dann legt sie ihr feierlich eine Hand auf den Kopf. „Ich gebe dir hiermit die Erlaubnis, auf der Klatschmohnwiese zu leben. Nur eines musst du mir versprechen: dass du mich besuchen kommst und mir von deinen Abenteuern draußen erzählst."
Das verspricht Maja gern.
Willi räuspert sich. „Also", sagt er, „für mich ist die Klatschmohnwiese nachts zu gruselig. Ich schlaf lieber im Bienenstock. Aber wir bleiben doch Freunde, oder?"
Das verspricht Maja sogar noch lieber. „Na klar", ruft sie, „die besten Freunde aller Zeiten!"
Die beiden besten Bienenfreunde winken sich noch einmal zu und dann fliegt Maja glücklich in ihr neues Leben auf der Klatschmohnwiese.

Ausgetrickst

Maja und Willi sitzen traurig in Willis Wabe im Bienenstock. Eigentlich müsste Willi seine Sachen packen. Denn Richter Bienenwachs hat entschieden, dass er morgen mit einigen anderen Bienen in einen neuen Bienenstock umziehen soll, um Platz für kleine Bienchen zu machen. Bis zu dem anderen Stock ist es eine halbe Tagesreise – dann kann er Maja gar nicht mehr jeden Tag sehen! Aber was soll er tun? Die Pingelbiene Richter Bienenwachs will sich einfach nicht umstimmen lassen.

„Tja, das ist wohl das Ende des Blumenstängels“, sagt Willi zu Maja. „Was soll ich nur ohne dich machen?“
Da schwirrt Biene Lisa zu ihnen. „Ich bin auch traurig“, erzählt sie. „Meine Freundin Flitzi soll nämlich auch mit umziehen. Und ich muss hierbleiben, ohne meine Flitzi.“
„Ja, Lisa, das ist wirklich gemein“, sagt Willi mitfühlend. „Flitzi und ich sind schon Freundinnen, seit wir ganz klein waren.“ Lisa seufzt. „Wenn ich doch mitkommen könnte in diesen neuen Bienenstock …
Ach, dieser doofe Richter Bienenwachs!“

Da wird Maja hellhörig. Das ist ja wie bei Willi und ihr – nur umgekehrt! „Hey!“, ruft sie und stupst Willi an. „Lisa und du! Na klar!“

„Hä?!“ Willi ist gar nichts klar. Aber da zieht Maja die beiden schon zur Königin, denn sie hat eine ganz fantastische Idee.

„Du schlägst also vor, dass Lisa mit Willi den Platz tauscht?“, fragt die Königin, als Maja ihr von ihrer Idee erzählt hat. Genau! Lisa zieht um und Willi kann bleiben. Das würde alle glücklich machen. „Richter Bienenwachs wird das nicht gut finden“, wendet Frau Kassandra ein.
Doch auch dafür hat Maja schon eine Lösung: „Vielleicht doch. Wenn er Lisa ganz, ganz toll findet ... und Willi richtig doof!“ Sie schaut ihren Freund grinsend an. „Du musst absolut unausstehlich sein.“
Willi lacht. „Ja, richtig doof, das krieg ich hin.“ Sofort zeigt er, was er kann, und springt zwei Wächtern abwechselnd auf die Hüte. „Spielt der Willi dumm, zieht er nicht um!“
„Nicht hier, Willi“, sagt Maja. „Bei Richter Bienenwachs sollst du dich dumm stellen.“ Ups!
Die Königin hat allerdings noch einen berechtigten Einwand: Der Richter muss denken, dass der Tausch seine eigene Idee war. Sie brauchen also einen richtig guten Plan, um ihn zu überzeugen.

Kein Problem für Maja, sie hat im Nullkommanichts etwas ausgeheckt.
Die Königin ist natürlich eingeweiht. Sie ruft Richter Bienenwachs zu sich. „Ich mache mir Sorgen, ob es beim neuen Stock genug Nektar gibt“, sagt sie. „Bitte, lieber Richter, fliegen Sie hin und schauen Sie nach.“
Bevor der Richter etwas erwidern kann, fügt sie hinzu: „Ich gebe Ihnen auch Lisa mit. Sie ist eine fleißige Sammelbiene.“
Und auch Willi als guter Nektartester und Maja als Kennerin der Klatschmohnwiese sollen mit. „Meinetwegen“, sagt Richter Bienenwachs. „Fliegen wir aus zu einem Erkundungsflug. Ihr könnt eine Menge von mir lernen.“
Die anderen werfen sich verstohlene Blicke zu. Wer hier am Ende von wem lernt, wird sich noch zeigen.

Sie sind noch keine zwanzig Flügelschläge geflogen, da fängt Willi schon an, sich wie geplant dumm zu stellen. „Hicks“, macht er und erklärt dem verwunderten Richter, dass er ständig Schluckauf habe und dann – leider, leider! – nicht arbeiten könne. Nur eins helfe gegen die nervigen Hickser: rückwärtsfliegen! Prompt dreht Willi sich auf den Rücken und umschwirrt den Richter, dann düst er davon. Maja und Lisa folgen ihm.

„Bienen fliegen nicht rückwärts!“ Vor lauter Empörung kommt der Richter gar nicht hinterher. „Hey, wartet!“, ruft er. „Sonst verirre ich mich ... äh, ihr euch! Das ist ein Erkundungsflug und kein Wettflug!“

Völlig außer Atem landet er bei den anderen auf einer Lichtung und sieht sich um. „Bravo! Wir haben uns verirrt“, stellt er fest. Er hat wohl vergessen, wie gut Maja sich auf der Klatschmohnwiese auskennt. Und natürlich ist es auch kein Zufall, dass sie genau hier gelandet sind.

Maja setzt das Spiel fort: „Ein Glück, dass wir Lisa haben. Sie ist die beste Sammelbiene und findet überall hin und wieder zurück."
„Dann bin ich ja mal gespannt", sagt der Richter und überlässt Lisa die Führung. Wie geplant beweist die Sammelbiene ihren fabelhaften Orientierungssinn und führt sie sicher wieder auf den Weg.
„Offen gestanden wusste ich genau, wo es langgeht, aber ich wollte deine Fähigkeiten testen", behauptet Richter Bienenwachs. Als er voranfliegt, grinsen Maja, Willi und Lisa sich hinter seinem Rücken zu.

Dann folgt der nächste – und beste – Teil des Plans.
„Sie sehen müde aus", sagt Maja unschuldig zu Richter Bienenwachs, nachdem sie eine Weile geflogen sind. „Wir könnten da unten auf dem Stein eine Pause machen, wenn Sie wollen."
Das Angebot nimmt der Richter gern an. Während er es sich auf dem Stein bequem macht, schickt er die drei Bienen los, um ihm Nektar zu holen. Kaum hat er sich zur Ruhe gelegt, tritt Grashüpfer Flip hinter dem Stein hervor und spielt schrecklich schief auf seiner Geige.
Der Richter hält sich entsetzt die Ohren zu.
„Oh, Entschuldigung, werter Bienenrichter", sagt Flip betont höflich. „Aus der Ferne dachte ich, ich hätte die Stimme meines Freundes Willi vernommen. Da wollte ich ihm ein kleines Reiselied singen."
„Tja, aber wie du siehst, ist er nicht hier", erwidert der Richter.

„Oh, das ist halb so wild", sagt Flip fröhlich. „Wenn er in den neuen Bienenstock einzieht, sind wir Nachbarn. Dann werde ich jeden Tag ein Liedchen für ihn spielen."

„Was? Du willst doch wohl nicht etwa direkt vor dem Bienenstock so rumfiedeln?" Der Richter mag sich das nicht mal vorstellen. Auf keinen Fall darf der neue Bienenstock ein Treffpunkt für untalentierte Grashüpfer werden!

„Doch! Je lauter, desto besser!", ruft Flip noch und springt mit einem Hü-hüpf davon.

Sobald Flip verschwunden ist, kehrt Willi zurück. Mit einem leeren Nektarhörnchen. „Ich hab was gefunden", erklärt er. „Aber es war so schwer. Da hab ich es lieber schnell selbst gegessen."

Richter Bienenwachs stöhnt. „Das ist doch alles nicht zu fassen."

Da fliegt Lisa mit einem Hörnchen voll von frischem Nektar herbei. Aber noch bevor der Richter zugreifen kann, fliegt Willi dazwischen. „Moment! Ich bin schließlich hier der Pollentester." Er rempelt Lisa an, sodass ihr das Hörnchen fast aus der Hand fliegt.
„So ein Tollpatsch", schimpft der Richter. „Und frech bist du auch noch!"
Das ist genau der richtige Moment für Bens Auftritt – und da kommt der Mistkäfer auch schon um die Ecke. „Willi, da bist du ja! Warum hast du meinen Ballie da raufgerollt?" Er zeigt gespielt wütend auf den Mistball, der hoch oben auf einem Stein thront.
„Aber das war ich doch gar nicht!", protestiert Willi. Schon balgen die beiden sich und schwirren wild im Kreis um den Richter herum, bis ihm ganz schwindelig wird. Dann rangeln sie sich auf dem Stein beim Mistball – der durch ihre Rauferei ins Rollen gerät und genau auf den Richter zurollt. Im letzten Moment stoppt Lisa den Ball.

„Äh, tut mir leid. Das hab ich nicht mit Absicht gemacht. Ich bin einfach nur zu dumm“, gibt Willi vor.

„Nur gut, dass Lisa da war“, fügt Maja hinzu.

Jetzt haben die Freunde wirklich alles getan, um den Richter auf die richtige Spur zu bringen. Und es klappt: Der Richter verspricht Lisa einen ganz besonderen Platz im neuen Stock. Als er hört, dass sie gar nicht mit umziehen soll, ruft er aus: „Mir kommt eine brillante Idee, die nur ein kluger Richter wie ich haben kann: Willi und Lisa tauschen die Plätze! Lisa kommt mit, Willi bleibt da!“

Juhu! Lisa zieht zu Flitzi und Willi bleibt bei Maja!

Der geniale Plan, wie ihn nur eine kluge Biene wie Maja schmieden kann, ist aufgegangen und alle können mit ihren Freunden zusammenbleiben.

Oswalt sucht Freunde

Maja spielt heute mit ihren Freunden Ben, Willi und dem Ohrenkneifer Oswalt.

„Kann Ballie auch mein Freund sein?“, fragt Oswalt mit einem Blick auf Bens Mistball. Ballie ist natürlich immer dabei. Der kleine Mistkäfer würde ihn nie allein lassen. Und niemand soll ihn anfassen!

„Nein“, sagt Ben deshalb bestimmt. „Das kannst du vergessen.“

Doch Oswalt sieht das anders. Er glaubt, jeder will sein Freund sein, weil er immer so tolle Sachen macht.

Maja hat er schon mal einen Sternenregen aus Blütenblättern geschenkt und erst kürzlich hat er super Flugdrachen für alle gebastelt. Jetzt mögen sie ihn. Wenn er etwas Nettes für Ballie macht, wird der sicher auch sein Freund.

Als Ben beim Spielen mit Maja und Willi abgelenkt ist, nutzt Oswalt die Gelegenheit und zückt seine Zangen. Mal sehen, was sich Tolles aus Ballie zaubern lässt!

„Überraschung!", ruft Oswalt kurze Zeit später und zeigt mit seinen Scheren auf das Bild, das er in den Mistball geschnitzt hat.

„Ich hab Ballie verschönert und wir sind Freunde geworden!"

„Wow, das sind ja Ben und Willi", sagt Maja beeindruckt.

„Toll, nicht?" Oswalt ist stolz auf sein Werk. „Zum Verwechseln ähnlich. Na, was sagt ihr, meine Freunde?"

„Ballie ist nicht dein Freund!", ruft Ben wütend. „Und ich bin's auch nicht! So etwas macht man nicht mit Freunden!" Er rollt den nun nicht mehr ganz runden Ballie davon.

„Ben, warte!", ruft Maja ihm hinterher. „Oswalt hat es doch nur gut gemeint!"

Aber Ben will jetzt einfach nur allein sein. Allein mit Ballie.

„Ben liebt seinen Ballie. Er muss immer ganz rund sein", erklärt Maja Oswalt. „Aber das konntest du ja nicht wissen", fügt sie beruhigend hinzu.
„Er hat gesagt, dass Ballie nicht mein Freund ist", sagt Oswalt betrübt. „Ich wollte doch was Tolles machen, damit wir Freunde werden."
„Das war ja auch total schön", tröstet Maja ihn. „Nur eben nicht für Ben."
„Ein altes Sprichwort sagt: Ist der Ball nicht richtig rund, ist der Käfer nicht gesund", sagt Willi und lacht. Maja stupst ihn an. Für Scherze ist jetzt nicht der richtige Moment! Und die Lust am Spielen ist den Freunden auch vergangen. Für heute verabschieden sie sich. Morgen wollen sie zusammen picknicken – hoffentlich verstehen sich dann alle wieder!

Als Willi am nächsten Morgen Maja auf der Klatschmohnwiese abholt, bekommt er einen großen Schreck: Alle Mohnblüten sind abgeknabbert! Was wird denn jetzt aus ihrem Picknick? Willi hat extra wenig gefrühstückt!
Maja betrachtet die Blüten genauer.
„Die sehen aus wie abgeschnitten“, stellt sie fest. „Als hätte jemand Scheren benutzt.“ Sie stutzt. „O nein! Vielleicht war das Oswalt!“
„Der zerschnippelt unsere schöne Wiese und will dann auch noch unser Freund sein“, mault Willi. „Und dabei findet der sich auch noch toll. Dieser Schnippler!“
„Er meint es doch nicht böse“, sagt Maja beschwichtigend. Oswalt hat das bestimmt wieder für sie alle getan! Nur um den Mohn ist es wirklich schade. Am besten redet sie mit Oswalt und erklärt ihm, warum das so nicht geht.

„Oswalt, bist du da?“, ruft Maja, als sie bei seiner Höhle angekommen ist.
Aufgeregt bittet der Ohrenkneifer sie herein und zeigt ihr seine neuesten Kunstwerke – aus Mohnblüten!
„Ich hab die ganze Nacht durchgeschuftet“, sagt er. „Also, ihr könnt wirklich froh sein, dass ihr meine Freunde seid, du und Willi. Na, was ist, seid ihr froh?“
Oh! Jetzt muss Maja es ihm sagen! „Ich weiß nicht“, beginnt sie zögerlich. Sie will Oswalt ja nicht wehtun. „Wir wollten heute ein Picknick machen, in den Mohnblumen. Aber jetzt sind sie alle kaputt. Willi ist ganz traurig. Er ist alles andere als froh. Ich glaube, er will jetzt nicht mehr dein Freund sein, Oswalt“, sagt sie ganz ehrlich. Denn anlügen will sie ihren Freund auch nicht.
„Oh, was?“ Damit hat Oswalt nicht gerechnet. „Das tut mir sehr leid.“

Maja hat eine Idee. „Du benutzt deine Scheren für etwas, das Willi mag“, schlägt sie vor und flüstert ihm etwas ins Ohr. Oswalt ist begeistert und macht sich sofort ans Werk.
Maja holt Ben und Willi.
„Was ist denn das?“, fragt Willi überrascht, als Maja die Freunde zu Oswalt geführt hat.
„Das ist unsere Picknickhütte“, verkündet Oswalt. Auch drinnen ist schon alles vorbereitet und dekoriert. Oswalt hat sogar eine Harfe gebastelt. Die Saiten sind aus Spinnenfäden von Spinne Theklas Netz.
Ben mag die Hütte – auch wenn Ballie leider nicht mit reinpasst. Und Willi hat diesmal gleich zwei Sprichwörter parat: „Ein Picknick unterm Blätterkleid schafft Freunde dir für alle Zeit. Oder wie ich immer sage: Wenn Freunde sich streiten, musst du ein Picknick bereiten.“ Alle lachen.
Dankbar sieht Oswalt zu Maja. Das klingt ja, als wollten die beiden wieder seine Freunde sein!

Doch plötzlich schließt sich ein Netz um die Hütte und die Freunde hören ein schadenfrohes Lachen – Thekla! Schon krabbelt die Spinne das Netz herunter und funkelt Oswalt böse an. „Hab ich dich, Freundchen! Und deine Freunde gleich mit. Ihr Fadendiebe!“
„Freundchen?“, wiederholt Oswalt. „Die Spinne will meine Freundin sein?“ Das wundert ihn. Für sie hat er ja noch gar nichts Nettes gemacht. Aber für seine echten Freunde wird er jetzt etwas Nettes tun: Blitzschnell zerschnippelt er mit seinen Scheren die Fäden vor dem Eingang der Hütte. Bloß raus hier! Zum Glück sind die Freunde viel schneller als Spinne Thekla, denn die hat wie immer Rückenschmerzen und kommt nur langsam voran. Puh!
„Danke schön, Oswalt!“, sagt Ben erleichtert. „Ohne deine Zangen wären wir jetzt bei Thekla gefangen.“
„Ich will mir gar nicht vorstellen, was sie mit uns angestellt hätte“, fügt Willi hinzu.

Maja lacht. „Na ja, vielleicht hätte sie ja mit uns gepicknickt?“ Bei der Vorstellung prusten alle los.
„Ein Picknick in Ehren kann niemand verwehren“, meint Willi. Aber Oswalt hat noch etwas auf dem Herzen. „Tut mir leid, dass ich euch die Blättersuppe eingebrockt habe“, sagt er. „Ich mach’s auch wieder gut. Jeder darf sich was ganz Tolles von mir wünschen.“
Ben seufzt. „Du hast es immer noch nicht verstanden.“
„Was hab ich nicht verstanden?“, fragt Oswalt nach.
„Es reicht, wenn du unser Freund bist. Ohne tolle Sachen“, erklärt Willi. Denn Freundschaft entsteht nicht, weil man sich Geschenke macht – Freundschaft selbst ist das Geschenk.
„Jetzt habe ich aber wirklich Hunger!“, fügt Willi hinzu. Alle lachen. Und dann wird endlich gepicknickt.

Mutter Willi

„Hallo, Maja!“, ruft Willi über die Klatschmohnwiese und schleckt an seinem Honighörnchen.

Überrascht steckt Maja ihren Kopf aus der Mohnblüte, in die sie gerade abgetaucht ist. „Willi? Was machst du denn hier? Ich dachte, du hilfst im Bienenstock, die Babys zu füttern.“

„Eigentlich schon“, sagt Willi. „Aber beim Füttern kriege ich immer solchen Appetit.“

In dem Moment kommt unter ihnen auf der Wiese noch jemand mit Appetit an. Genauer gesagt vier Jemande. Noch genauer: vier kleine Käfer.

Maja ist entzückt. „Na, ihr Schnucklinge?“, begrüßt sie die Kleinen und landet direkt vor ihnen. „Wo wollt ihr denn hin? So ganz allein, ohne Mama?“
Willi stellt sich neben Maja und schmatzt. „Mmh, das schmeckt gut!“
Doch Maja hat nur noch Augen für die vier Käferchen. „Wollt ihr zu eurer Mama?“, fragt sie weiter.
Die Käferchen wuseln aufgeregt fiepend los – aber nicht etwa zu ihrer Mama, sondern zu Willi mit dem Honighörnchen. Das duftet so lecker.
„Die wollen nur zu meinem Honig“, stellt Willi fest und streckt das Hörnchen hoch über seinen Kopf, damit sie nicht drankommen.
Maja lacht. „Hab dich nicht so. Gib ihnen was ab!“
Das können die Käferchen vergessen! Willi schwirrt auf ein Blatt und isst dort genüsslich weiter.
Da ist wohl nichts zu machen. Willi möchte nicht teilen.
„Vielleicht finde ich auch noch was anderes“, sagt Maja und geht auf Futtersuche.

Als Erstes bringt Maja den Käferchen einen Kern, den sie auf der Wiese gefunden hat. Die vier betrachten ihn kurz – dann verziehen sie die Gesichter. „Willi, das wollen sie nicht“, sagt Maja. „Jetzt gib ihnen schon was von deinem Honig ab!“
„Na schön! Aber jeder nur ein winziges Tröpfchen. Der Rest ist für mich.“ Die Käferchen schlecken den Honig gierig auf. Das soll schon alles gewesen sein? Fiepend stürmen sie auf Willi zu.
„Ihr seid ja noch gieriger als ich!“, ruft Willi. „So klein und schon so vernascht!“ Vielleicht sollte er ihnen doch noch ein bisschen mehr geben? Er weiß ja, wie es ist, wenn man großen Appetit hat.
„Na schön. Auf zum großen Honig-Wettessen!“ Willi lacht und legt eine Spur aus Honigtropfen für die Käferchen.

Sie folgen ihm und schlecken alles auf. Eigentlich ist es doch ganz witzig mit den Kleinen.
Maja kichert. „Die mögen dich, Willi!"
„Die mögen nur meinen Honig", erwidert Willi.
Doch da irrt er sich. „Mama, Mama!", rufen die Käfer im Chor.
Huch – die halten Willi doch glatt für ihre Mama!
„Das bin ich aber nicht", erklärt er den Kleinen. „Ich bin der Willi. Könnt ihr das auch sagen?"
Maja ist ganz schön stolz auf ihren Freund. „Weiter so, Willi. Das machst du ganz toll", lobt sie ihn. „Ich werde so lange ihre richtige Mama suchen."
Und schwups ist Willi allein mit der Rasselbande. Zum Glück entdecken die vier Kleinen kurz darauf eine Beere und schmatzen drauflos. So kann Willi endlich wieder selbst an seinem Honighörnchen schlecken.

Auch Maja hat Glück. Schon bald trifft sie auf Käferdame Fiona, die den kleinen Käfern ziemlich ähnlich sieht. „Hallo, ich bin Maja“, sagt Maja höflich. „Was für ein Käfer sind Sie?“
„Ein Feuerkäfer“, antwortet Fiona.
„Haben Sie Kinder?“, fragt Maja weiter.
„Na, rate mal, für wen das hier ist.“ Fiona deutet auf die große Beere, die sie gerade zu ihrer Höhle rollt. Oder zu rollen versucht. So eine Beere ist ganz schön schwer! Das mit dem Käferkriegen hatte Fiona sich irgendwie leichter vorgestellt. „Den ganzen Tag schaffe ich immer nur Essen ran. Die vier futtern so viel wie zehn Babys“, seufzt sie erschöpft.
Maja wird hellhörig. „Es sind vier?“, fragt sie nach. „Kann es vielleicht sein, dass sie allein auf der Wiese herumtoben?“

„O nein, das will ich nicht hoffen!“, entgegnet Fiona beunruhigt. Sie hat ihren Kindern doch gesagt, dass sie in der Höhle warten sollen! Aber als Maja und Fiona dort ankommen, ist die Höhle leer. Was für ein Schreck! Zum Glück weiß Maja, dass die Käferchen bei Willi in den besten Flügeln sind. Schnell fliegt sie zurück zu ihm und die beiden bringen die Kleinen in Windeseile zu ihrer richtigen Mama. „Vielen Dank, kleine Biene“, sagt Fiona erleichtert, während ihre Kinder sich auf die neue Beere stürzen.

Auch Maja ist froh, dass alles gut gegangen ist. „Willi ist der beste Käferchenhüter der ganzen Wiese“, sagt sie stolz. Und Käferchenhüten macht ganz schön müde! Willi fallen schon die Augen zu. Aber für ein Nickerchen ist keine Zeit. Fiona muss neues Futter besorgen und sie kann nicht gleichzeitig auf die Kleinen aufpassen. Maja und Willi helfen ihr, das ist doch klatschmohnblütenklar!

Während Maja und Fiona sich auf die Suche nach neuen Beeren machen, bleibt Willi bei den Käferchen und legt sie für einen Mittagsschlaf auf ihre Blätterbettchen. Dort schnarchen sie schon bald – bis Willi ebenfalls die Augen zumacht. Sofort springen die Kleinen auf und wuseln aus der Höhle. „Mama Willi, Mama Willi!“, rufen sie kichernd.

„Geht das schon wieder los.“ Willi stöhnt und sammelt sie eins nach dem anderen wieder ein. Dann startet er einen neuen Schlafversuch.

Doch was ist das? Willi hat nur kurz die Augen zugemacht, da knabbern plötzlich acht Käferchen an den Resten der Beere! Eben waren es doch noch vier!

„Das ist ja die reinste Feuerkäferversammlung!“, ruft Willi erschrocken.

Fiona rollt gerade die nächste Beere herein. „Meine Käferchen sind offenbar nicht die einzigen Ausreißer." Sie seufzt. „Wie soll ich die denn auch noch satt kriegen? Ich hab doch schon mit meinen eigenen Rackern alle Hände voll zu tun." Mit einem flehenden Blick zu Maja fügt sie hinzu: „Lasst mich nicht allein! Ohne euch schaff ich das nie!"

„Keine Angst, Fiona", antwortet Maja. „Willi und ich bleiben hier und helfen Ihnen. Versprochen!"

Willi hätte mehr Lust auf ein Honighörnchen und ein richtiges Schläfchen. Aber natürlich hilft er mit. Die Käferchen sollen nur aufhören, ihn Mama zu nennen. „Ich heiße Willi, damit das klar ist!", ruft er ihnen zu, dann stellt er sich vor der Tür auf, damit es nicht noch mehr werden. Doch die kleinen Käfer sind schlau. Immer mehr und mehr von ihnen schleichen sich hinter ihm in die Höhle.

Maja und Fiona sind weiter auf Beerensuche. Gerade rackert Fiona sich mit einer besonders schönen Frucht ab, da wird sie ihr einfach weggerissen – von einer anderen Feuerkäfermutter! Vermutlich hat sie mit ihren Kindern genauso viel zu tun wie Fiona mit ihren.

„Lassen Sie den Kopf nicht hängen", tröstet Maja ihre Käferfreundin. „Wir finden bestimmt noch andere leckere Beeren für die Kleinen."

Und wirklich: Kurz darauf kommen sie an einen großen Busch mit lauter dicken Beeren. Auf einem großen Blatt ziehen sie gleich mehrere Früchte nach Hause. Und die brauchen sie auch, denn als sie in der Höhle ankommen, wimmelt es dort nur so von kleinen Käfern. Also, das sind jetzt wirklich zu viele!

Da kommen drei wütende Feuerkäfermamas angelaufen. „Was ist denn hier los? Wer nimmt uns unsere Babys weg? Wer ist denn diese Mama Willi?", fragen sie laut durcheinander.

Willi versteckt sich ängstlich hinter Fiona.
„Jetzt ist aber Schluss!“, unterbricht Maja die Käferdamen. „Ihr solltet Willi dankbar sein. Er hat auf die Kleinen aufgepasst, damit ihr Beeren suchen könnt.“
„Ach so“, stottern die Käferdamen, „das ist aber nett von ihm. Und wie geht es jetzt weiter?“
„Wir bleiben hier und ihr sammelt noch mehr Futter für die Kleinen“, schlägt Maja vor. Und so machen sie es. Während die Käfermütter nun gemeinsam Beeren heranschaffen, spielen Maja und Willi mit den Babys.
Da springt ein Käferchen in Willis Arme und ruft vergnügt seinen Namen. „Jetzt haben sie es endlich verstanden!“, jubelt Willi, denn der Kleine hat ihn zum ersten Mal nicht Mama genannt. Und Willi hat heute auch etwas verstanden: nämlich, dass es schöner ist, anderen zu helfen, als sich davonzustehlen und heimlich Honighörnchen zu schlecken.

Bienenwissen in 5 Minuten

Fleißige Bienchen

Etwa 80 Prozent der Blüten der von uns angebauten Pflanzen müssen von Insekten beflogen und bestäubt werden. Eine einzelne Honigbiene bestäubt täglich bis zu 1000 Blüten.

Honigmäulchen

Aus bis zu zehn Millionen Blüten wird 1 Kilogramm Honig. Für ein Glas Honig (500 Gramm) muss ein Bienenvolk umgerechnet dreimal um die Erde fliegen.

Vielfraß

Innerhalb von sechs Tagen nach dem Schlüpfen erreicht eine Bienenlarve das 500-Fache ihres Geburtsgewichts. Ein menschliches Baby müsste nach sechs Tagen demnach über 1,5 Tonnen wiegen – ungefähr so viel wie ein Auto!

Familientiere

Ein Bienenvolk besteht im Sommer aus etwa 60 000 Arbeitsbienen, mehreren hundert Drohnen und einer Königin. Als Arbeiterinnen werden die weiblichen Bienen bezeichnet, Drohnen sind männlich.

Überwinterung

Bienen bereiten sich gut auf die kalte Jahreszeit vor. Sie sammeln Vorräte und fahren den Stoffwechsel herunter. Den Winter verbringt das Volk aneinandergekauert im Nest. In ihrer Mitte herrschen dann mindestens 25 Grad. So überleben rund ein Drittel der Bienen eines Bienenstocks den Winter.

PARTNER
DIE BIENE MAJA • PROJEKT KLATSCHMOHNWIESE

Die wilden Insektenfreunde der Biene Maja sorgen für Pflanzenvielfalt und Nahrung. Dabei brauchen sie deine Hilfe: Artenschutz ist kinderleicht und macht Spaß! Tipps und Tricks findest du auf Majas Website.
www.projekt-klatschmohnwiese.de